QUESTIONS

MONARCHIQUES

LETTRE A M. LAURENTIE

PAR

Le Comte DE FALLOUX

DE L'ACADÉMIE FRANÇAISE.

PARIS

E. DENTU, LIBRAIRE-ÉDITEUR

PALAIS-ROYAL, 17 ET 19, GALERIE D'ORLÉANS

—

1873

QUESTIONS MONARCHIQUES

LETTRE A M. LAURENTIE

PAR

Le Comte DE FALLOUX

DE L'ACADÉMIE FRANÇAISE.

PARIS

E. DENTU, LIBRAIRE-ÉDITEUR

PALAIS-ROYAL, 17 ET 19, GALERIE D'ORLÉANS

—

1873

QUESTIONS MONARCHIQUES

LETTRE A M. LAURENTIE

Monsieur,

J'ai recueilli avec le soin le plus consciencieux mes souvenirs, et ceux d'autrui, pour reconstituer ce qu'on a pompeusement appelé mon discours. En le relisant, j'y ai trouvé la reponse la plus nette et la plus péremptoire à vos questions. Il m'est impossible de voir ce que je pourrais y ajouter tant que vous n'aurez pas changé le terrain de la discussion.

Je me flatte que vous en jugerez ainsi.

Je vais d'abord remettre sous vos yeux et sous les yeux de vos lecteurs l'analyse du marquis de Franclieu, postérieurement modifiée par lui, mais non retirée :

« Dans un discours où, blâmant M. le comte de Chambord d'avoir affirmé la nécessité du vote universel, il (M. de Falloux) avait ajouté que ces mots : *pratiqué honnêtement,* étaient un moyen de retirer plus tard ce qu'on semblait promettre. — La thèse de M. de Falloux, soutenue avec toutes les précautions oratoires possibles et cette habileté de langage qui se joue de toutes les difficultés, a été celle-ci :

« M. le comte de Chambord n'est pas de son
» temps (1)...

» Il ne comprend aucune des nécessités de
» de notre époque...

» Nous avons besoin de son principe...

» Il faut nous réunir, pour lui imposer le dra-
» peau tricolore, la présidence préalable de
» M. le duc d'Aumale et une constitution...

» Ou bien...

» L'héritier a droit sur l'héritage, il lui appar-
» tient d'avoir son avis et d'exercer toute in-
» fluence sur la manière de le faire valoir. »

Maintenant, monsieur, voici mes paroles :

Le voilà donc connu, ce secret plein d'horreur!...

Messieurs,

Je n'ai rien à vous apporter, sinon les impres-

(1) Les guillemets sont de M. de Franclieu.

sions du dehors, les impressions d'un rural, d'un spectateur attentif, quoique lointain, que la défaillance.de ses forces retient loin de vous, mais qui, passionnément intéressé à tout ce qui vous agite vous mêmes, attache constamment ses regards sur cette Assemblée, et particulièrement sur la Droite, parce qu'il voit en elle le salut de la France. Les impressions du dehors, attestées par un témoin sincère, peuvent quelquefois n'être pas inutiles. Un proverbe allemand dit : « Les arbres empêchent de voir la forêt; » il en est quelquefois de même en politique : quelquefois ceux qui sont engagés dans l'action ont peine à se rendre compte de l'effet que leurs actes peuvent produire à distance. C'est uniquement à ce titre que je puis répondre à l'appel qui m'a été adressé, appel que je ne me serais pas permis de provoquer, mais que je ne saurais refuser, dans les conditions amicales où il m'est fait.

L'Assemblée est la ressource suprême du pays, qui ne peut pas et qui ne veut pas se fixer dans la République, parce qu'il ne la tient pas pour une solution normale et durable. Pour lui, la République est le synonyme de l'anarchie. Les républicains modérés ne sont point un parti, ils ne sont qu'une école; ils ne dominent jamais ni les faits ni les idées qu'ils prétendent représenter; ils sont emportés par la violence, chaque fois que la violence est déchaînée. Je le constate comme un fait irrécusable; car, pour mon compte personnel, je n'ai point de grief contre la République : c'est le seul régime qui m'ait permis de rendre à mon pays le peu de services que je lui ai jamais rendus. Mais c'est le sentiment public que nous devons chercher ici, sans écouter telle ou telle de nos préférences, et le sentiment public n'est pas douteux. Il discerne, avec un instinct profondément juste, que la République nous livre infailliblement, soit à la démagogie, soit au césarisme, et, selon toute apparence, à l'alliance de l'une et de l'autre.

En 1852, nous avons vu le césarisme né d'un mouvement qui voulait être conservateur, et vous voyez où il nous a conduits! Jugez ce que serait un césarisme né dans la rue et imposé par l'émeute; ce serait le socialisme à la fois le plus radical et le plus dangereux, parce qu'il aurait toutes les convoitises de la démagogie et toutes les ressources du pouvoir. Ne vous faites donc pas la moindre illusion à ce sujet : la durée de la République actuelle n'est que la veillée des armes pour la guerre civile la plus effrénée; et j'ai tort d'appeler cela une guerre civile, car ce sera une jacquerie sauvage, une lutte sans loi, sans frein, sans merci, contre la civilisation tout entière. Vous ne pouvez donc demeurer longtemps dans une situation aussi fausse et aussi périlleuse.

Je ne veux pas dire par là que vous devez précipiter les solutions; mais je ne sais pas si le temps vous sera laissé pour les attendre et les choisir à votre gré; j'affirme seulement que, dans tous les cas, vous devez préparer la meilleure ou plutôt la seule bonne, et y préparer le pays; écoutez la parole de Bossuet, enlevez à la fortune tout ce qu'on peut lui enlever par prévoyance et par conseil. Des gens éclairés et forts d'un mandat tel que le vôtre ne doivent rien confier au hasard : le hasard peut être un sot ou un scélérat, et c'est une suprême sagesse, doublée d'une ferme volonté que la France attend de vous.

Tant que le pays croira que cette Assemblée peut lui porter une solution, et que, si elle la diffère, ce n'est pas par impuissance, il se peut qu'il se résigne encore et ne perde pas courage; mais le jour où il en arriverait à conclure de vos votes et de la division de la majorité que vous n'avez aucune solution en réserve, ce jour-là; ce serait fini entre vous et lui, il vous délais-

serait pour se livrer à n'importe qui lui promet-
tant, même dans les conditions les plus évidemment trompeuses, repos et stabilité (1).

Ainsi, qu'avant tout la majorité ne se divise
pas, qu'aucun malentendu, aucun mouvement
d'humeur ne vous éloigne les uns des autres et
ne fractionne le grand parti de l'ordre.

Quant à la solution, quelle doit-elle être? Elle
ne peut être, selon moi, elle ne peut être, selon
tous ceux qui sont réunis ici, que la Monarchie,
avec la maison de Bourbon tout entière, récon-
ciliée et réunie.

Cette solution ne rencontre-t-elle d'obstacle
qu'en dehors d'elle-même? Nous ne parlerions
pas sérieusement, nous ne parlerions pas utile-
ment, si nous ne commencions par nous avouer
à nous-mêmes qu'elle porte dans son sein un
obstacle insurmontable jusqu'ici : c'est la mal-
ɥeureuse question du drapeau.

Ah! je comprends tous les sentiments qui
bouillonnent parmi nous à ce seul mot, car ces
sentiments sont les miens. Je suis un fils de
l'Ouest; la suprême ambition de ma jeunesse a
été de mourir obscurément pour le drapeau

(1) La réunion avait lieu le 3 janvier, peu après le vote sur
la proposition Desjardins, à propos de l'entrée des princes à
l'Assemblée, vote dans lequel la droite s'était divisée.

blanc, au pied de quelque buisson vendéen. Rien dans mon passé ne peut m'incliner vers les princes de la maison d'Orléans; je n'en connais aucun, la révolution de juillet m'a fermé toute carrière, comme à bien d'autres. J'avais, comme un autre, le goût légitime de servir mon pays; la révolution de juillet a refoulé ce désir et m'a jeté à l'écart durant toutes les années de l'activité. Il n'y a pas là de quoi m'inspirer de l'empressement, et si nous étions ici pour obéir à nos griefs intimes, je parlerais plutôt en adversaire qu'en ami. Mais je ne veux écouter aucune de ces voix secrètes, et je ne veux penser, je ne veux parler qu'en ami vrai et désintéressé de notre malheureux pays aux abois.

Ne voyant de salut que dans la Monarchie, et ne voyant la Monarchie que dans la maison de Bourbon, je cherche uniquement à quelles conditions son retour est possible.

Il n'y a pas, à mes yeux, d'autre maison de France que M. le comte de Chambord et ses héritiers légitimes, les princes d'Orléans. Si quelqu'un songe à y substituer les Bourbons d'Espagne ou les Bourbons de Parme, je renonce à m'entendre avec celui-là; mais je ne crois pas que personne ici se place à ce point de vue. *(Plusieurs voix : Non, non, personne n'y songe.)*

Nous sommes donc bien d'accord sur le point de départ; les princes d'Orléans sont les héritiers incontestables et légitimes de M. le comte de Chambord. On ne saurait donc leur refuser le droit de prendre souci de l'héritage, et de délibérer, avec le chef de leur maison, sur toute question qui l'intéresse. M. le comte de Chambord n'est que le dépositaire et l'usufruitier de son principe; il l'a reçu de ses ancêtres, il le doit à ses héritiers; il ne pourrait pas plus le frapper gratuitement de stérilité qu'on ne peut, dans le droit privé, compromettre le domaine qui n'appartient pas à soi seul. Nous voici maintenant en présence de la difficulté.

M. le comte de Chambord s'est prononcé récemment pour le drapeau blanc; les princes d'Orléans, si je suis bien informé, persistent à croire que la France ne peut être amenée à la répudiation du drapeau tricolore, et que satisfaction serait donnée à tous les souvenirs et à toutes les gloires, si nos antiques fleurs de lys venaient se poser sur le drapeau actuel.

M. le comte de Chambord peut-il se déjuger lui-même sur une telle question?

Personne, je crois, n'oserait ni ne voudrait le lui conseiller; pour mon compte, si j'avais l'honneur d'être consulté à cet égard, je lui demande-

rais opiniâtrément de n'en rien faire. Les princes d'Orléans reçoivent de leur côté le même
conseil de leurs amis, et le représentant du principe de l'hérédité demeure séparé des héritiers.

Nous serions donc enfermés dans une im-
passe inextricable, et le pays y serait enfermé
avec nous, si tout procès en ce monde n'admet-
tait un tribunal, tout différend un arbitre.

Y a-t-il un tribunal, y a-t-il un arbitre digne
d'une si grande cause?

Oui, c'est la nation elle-même, non pas la
nation confuse, insaisissable, ignorante de l'histoire, accessible aux préjugés, quelquefois même
égarée et passionnée par le plus vulgaire char-
latanisme, mais la nation éclairée, réfléchie,
vraiment compétente, c'est-à-dire l'Assemblée
nationale, Assemblée la plus loyale, la plus sin-
cèrement patriotique, la plus capable, en un
mot, de donner une garantie égale au peuple et
au roi. Là, il ne peut y avoir amoindrissement
pour personne à se rendre aux vœux de la nation ainsi exprimés; à lui sacrifier, non pas un
principe d'autorité, mais un sentiment intime
et personnel.

Quand les princes sacrifient quelque chose de
leurs prérogatives nécessaires, ils portent pré-
judice au peuple autant qu'à la royauté ; nous le

voyons, hélas! dans l'histoire de l'infortuné Louis XVI, et ce n'est pas à Versailles qu'on peut l'oublier; mais quand un roi ne sacrifie à la réconciliation et à la pacification du pays tout entier qu'une consolation ou une satisfaction qui lui est propre, il ne se diminue pas, il ne s'affaiblit pas; il se grandit, au contraire, il se fortifie, et il conquiert dans la reconnaissance publique le vrai prix, la vraie récompense de son abnégation généreuse.

Si, pour obtenir ce sacrifice, il faut résister à quelques entraînements, à des entraînements contre lesquels, croyez-le bien, j'ai peine à me défendre moi-même, ayons le courage de résister. La vraie popularité, dans l'histoire, la vraie renommée appartient à ceux qui ont su résister, à ceux surtout qui ont su résister tour à tour au peuple et au roi, parce que ce sont ceux-là qui savent rendre les grands services.

Les parlements se sont honorés en remplissant ce double devoir, tantôt en tenant tête à la sédition, tantôt en faisant retirer, sur leurs remontrances, ou même sur leur invincible refus d'enregistrer, un édit royal. Mathieu Molé n'était pas un grand orateur; ce n'était pas, comme le chancelier de L'Hôpital, un grand législateur; mais c'était un grand caractère. Un jour il a dit aux Parisiens : — Vous n'irez pas plus loin; — un autre jour : — Je vais à la cour, je dirai la vérité; — et cela a suffi pour lui marquer et lui garder une place dans l'histoire de France? Et Malesherbes? Son souvenir revient bien naturellement à la mémoire, au moment où, sur le seuil du Palais de Justice, on va élever en face de son monument la statue de Berryer. On peut citer l'inscription du monument de Malesherbes, parce qu'elle a une imposante autorité; parce qu'elle est écrite de la main d'un Roi très bon juge de la dignité royale, de la main de Louis XVIII; et quelle est la louange décernée par le Prince au serviteur de la Royauté fidèle jusqu'à la mort? — *coupable d'avoir apporté à son Roi, sur le trône, la vérité, dans la prison, le secours.* — Et le vicomte d'Orthez, qui de nous aurait jamais connu son nom, s'il n'avait écrit, il y a trois siècles, trois lignes qui étaient, pour ainsi dire, la devise de l'aristocratie française : *Ma vie est au Roi, mon âme est à Dieu, mon honneur est à moi?*

(*M. le marquis de Franclieu* se lève et proteste contre la résistance au Roi. — Le Président l'invite au calme et l'y ramène.)

J'entends dire quelquefois : nous saurions résister au Roi s'il était sur le trône; nous n'en

avons plus le courage quand il est dans l'exil.
— Je comprends ce sentiment, je l'honore,
j'ose affirmer que je le partage et que je l'ai plus
d'une fois prouvé. Ce sentiment n'a qu'une li-
mite, mais il en a une : c'est l'intérêt supérieur
du pays et l'intérêt supérieur du prince lui-
même.

Quand le prince est sur le trône, il faut conjurer la faute qui pourrait l'en faire tomber;
quand le prince est dans l'exil, il faut conjurer
la faute qui pourrait l'empêcher d'en sortir. Ce
que nous devons à l'exil, c'est le sacrifice de
toutes nos susceptibilités d'amour propre, c'est
le silence, même au fond de nos cœurs, sur
toute blessure personnelle, et j'ose dire que cela
nous savons le faire; quand, au mois de Juillet,
à propos même de la douloureuse question qui
nous occupe en ce moment, un journal, *l'Union*,
s'est complu à outrager les plus autorisés et les
plus considérés d'entre vous, nous avons tous
compris le courageux dévouement qui leur in-
terdisait de répondre, et nous y avons applaudi;
mais quand il s'agit de porter dans l'exil les
vœux, les angoisses, les préjugés mêmes qui
forment l'élément nécessaire de toute délibéra-
tion politique, ah! j'irais jusqu'au bout du
monde porter cet écho de la voix de la France,

et supplier à deux genoux qu'on l'écoute. La vérité, la vérité, c'est là le premier tribut qu'on
doit à l'exil comme au trône ; la vérité, la vérité,
c'est le secours pour l'exil comme pour le trône.

Revenons donc à cette question du drapeau ;
elle est bien vieille, elle a beaucoup occupé
M. Berryer, il y a plus de vingt ans, et il a laissé
des notes considérables à ce sujet. Il disait
alors, et nous disions presque tous avec lui : Ne
considérez pas cette question comme une question militaire, c'est une question politique !

La gloire du drapeau blanc, qui la conteste ?
Mais, avec une insurmontable opiniâtreté, avec
un aveugle emportement, une notable portion
de la France voit, derrière le drapeau blanc,
l'ancien régime et l'effarouchant cortége dont
l'imagination populaire l'accompagne ; rien n'est
plus insensé, mais rien aussi n'est plus certain.

A coup sûr, M. le comte de Chambord n'est
pas un esprit d'ancien régime ; il le prouve bien
par sa confiance dans le suffrage universel,
confiance qui serait peut-être excessive si le
suffrage universel devait demeurer organisé, ou
plutôt désorganisé, tel qu'il l'est aujourd'hui. Le
suffrage universel, tel qu'on le pratique à cette
heure-ci, arme exclusivement les masses avant
de les avoir instruites ; il livre, d'ici à bref délai,

la société publique à la merci des sociétés secrètes; il donne le dernier mot sur la propriété à ceux qui ne possèdent rien. Vous seriez donc, non pas les plus généreux, mais les plus imprudents des législateurs, si, tout en respectant loyalement le suffrage universel, vous n'y ajoutiez pas l'organisation indispensable à sa dignité comme à la sécurité publique.

Ne vous laissez pas dire que le coup d'Etat du 2 décembre n'a réussi que parce qu'il avait été provoqué par la loi du 31 mai; je n'ai pas voté cette loi, qui n'était, au reste, que superficielle, mais j'ai été, comme plusieurs d'entre vous, témoin des événements de ce temps-là, et nous vous attesterons tous que la loi du 31 mai ne fut qu'un prétexte, que si celui-là eût manqué au président, il en eût facilement trouvé un autre, et que le coup d'Etat a réussi parce que l'Assemblée de 1851 était acculée à la situation où l'on veut acculer l'Assemblée d'aujourd'hui, parce que les princes restaient divisés, parce que les partis restaient divisés comme les princes, parce que la majorité se scindait et devenait impuissante, chaque fois qu'il s'agissait des grands intérêts et des grandes solutions de l'avenir. Voilà par où l'Assemblée de 1851 a péri, et non pour une simple réforme dans la question

du domicile électoral, car les masses elles-
mêmes sentent bien qu'elles ne sont pas encore
à la hauteur du rôle qu'on leur assigne pour les
exploiter. Elles ont bien des raisons de s'aperce-
voir que celui qui les flatte est le plus souvent
le premier à les trahir, et elles ne repoussent
point la main de l'homme éclairé, quand cette
main se tend vers elles en amie, non pour les
opprimer, mais pour les élever graduellement,
en proportion de leurs lumières et de leur
honnêteté.

Je vous demande pardon de cette digression;
nous courons tant de périls à la fois que le
champ à parcourir serait trop vaste, et je veux
me borner au point capital dont nous avons
commencé à nous entretenir.

La France s'effraye de l'ancien régime jusqu'à la monomanie, et c'est là ce qu'elle person-
nifie dans le drapeau blanc. N'irritez pas cette
monomanie.

M. Berryer disait, il y a vingt ans, et j'avais
l'honneur de dire à côté de lui : Il est possible
que, au lendemain d'épouvantables catastrophes, le pays accepte et redemande le drapeau
blanc; serait-ce une force pour la royauté?
Ayons le courage de le dire : Non ! A peine re-
venue au calme, la France ferait payer bien

cher ce passager oubli de ses préventions invé-
térées. Au moindre mouvement d'humeur, elle
ressaisirait le drapeau de ses préjugés, et en un
clin d'œil, une révolution serait accomplie. Si
au contraire, par l'alliance des fleurs de lys et
du drapeau tricolore, vous avez définitivement
réconcilié la tradition et la société moderne, si
vous avez symbolisé, d'un commun et irrévo-
cable accord, cette réconciliation populaire, la
royauté n'a plus contre elle que le drapeau
rouge, c'est-à-dire le drapeau du pillage, de
l'incendie et du meurtre ; alors, elle est invincible.

Nous disions cela il y a vingt ans. Hélas ! les
catastrophes sont venues ; ont-elles manqué d'é-
pouvante, ont-elles manqué de clarté? Et pourtant le pays s'est-il rapproché du drapeau
blanc?

J'entends dire : c'est la condition indispensable de cette autorité ferme et forte dont le
pays a tant besoin !

Je crois que c'est le contraire qui est vrai ; je
crois que ceux qui parlent ainsi marchent direc-
tement contre leur but. Rassurez la France sur
les points où elle a tant d'ombrages, elle cessera
de se montrer passionnément inquiète et passionnément jalouse du côté des institutions ;

troublez son imagination, par un symbole qui n'a d'autre portée que la valeur même que lui prête l'imagination, vous lâchez la proie pour l'ombre, et vous conduisez le pays à exiger les garanties, les concessions les plus incompatibles avec le tutélaire exercice de l'autorité. Un homme d'Etat, a qui certainement la sagacité ne manque pas, me disait un jour : En France, plus on mettra le pouvoir à droite, plus il faudra mettre les institutions à gauche. Le mot était profond; j'ai eu l'honneur de le répéter et de le commenter à M. le comte de Chambord. Je vous demande en grâce de bien y réfléchir vous-mêmes, car le secret et la solution de bien des problèmes sont là.

Les hommes que je combats avec tant de respect, et, qu'ils le croient bien, avec tant de regret, aiment à citer Henri IV. Assurément, Henry IV a dit bien souvent : — Je ne céderai point à la ligue, — il lui avait porté et il en avait reçu de rudes coups, et cependant il a fini par compter avec elle, car il avait dit aussi : — *La grande amour que j'ai pour mon peuple me rend tout aisé et tout glorieux.* — Ce beau règne, le plus beau peut-être de notre histoire, est, du premier jour au dernier, le chef-d'œuvre d'une transaction, d'une transaction donnant satisfaction aux catholiques, sécurité aux protestants.

Prenez l'histoire, dans tel siècle ou dans tel pays qu'il vous plaira, et vous ne trouverez pas une grande lutte sociale, une grande guerre civile, qui ne finisse par une transaction; et bien heureux les temps, bien heureux les peuples où la transaction ne demande plus qu'à se résumer dans un simple signe extérieur. Plaçons-nous, pour en juger, sur un terrain où nous soyons pleinement désintéressés de nous-mêmes, prenons l'Autriche. Croyez-vous que si on allait dire à son empereur, qui se débat si laborieusement entre trois ou quatre nationalités rivales : — Les divisions, les hostilités vont cesser, si vous donnez à chaque nationalité non une large part du pouvoir impérial, non telle ou telle de vos prérogatives essentielles, mais le droit de représentation sur le drapeau; — croyez-vous que l'empereur François-Joseph ne s'estimerait pas heureux d'un tel traité de paix, croyez-vous que, en le signant, il humilierait son sceptre? Croyez-vous qu'en France les partis, dans leur état actuel, ne soient pas presque aussi divisés, presque aussi ombrageux les uns vis-à-vis des autres que les peuples divers du vieux empire autrichien, et qu'un traité de paix définitif ne soit pas urgent?

Maintenant, la consultation du pays par le souverain est-elle une innovation ou une prétention révolutionnaire ? Non.

De tout temps, dans la durée de l'ancien régime, la royauté a toujours, sous une forme ou sous une autre, consulté le pays, compté avec le pays. Sans cela, elle eût été l'absolutisme pur, et elle n'a pas voulu l'être, elle ne l'a jamais été. Aux Champs-de-Mai ont succédé les États-généraux, aux États-généraux les Parlements, et quand ces voix indépendantes ont été, non pas étouffées, elles ne l'ont jamais été, mais moins attentivement écoutées, on marchait vers 89.

Il n'y a donc pas plus de milieu aujourd'hui qu'autrefois entre l'absolutisme pur, c'est-à-dire la volonté sans réplique du souverain, et la consultation du pays.

Si quelqu'un connaît une troisième solution, j'en serai fort heureux ; quant à moi, dans mon dévouement et dans mon patriotisme, j'en ai vainement cherché une autre.

Cette solution même, quelque modérée, quelque raisonnable qu'elle soit, nous ne pouvons y arriver d'un bond et sans transition. Un homme ne passe pas immédiatement de la maladie à la santé, il traverse nécessairement la convalescence ; un peuple ne passe pas non plus sans transition de l'anarchie à la monarchie. La convalescence est une loi en politique comme en médecine; entre Charles Ier et Charles II, l'Angleterre a eu Olivier Cromwell, Richard Cromwell et Monck; en France, après la Terreur et le 9 thermidor, nous avons eu le Directoire, le Consulat et l'Empire. Je suis donc très loin de reprocher à l'Assemblée de n'avoir pas, au premier jour de son inauguration à Bordeaux, proclamé la monarchie; il a été aisé de se rendre compte, même de loin, des immenses difficultés qui ont pesé sur vous et dicté le pacte de Bordeaux, pacte qui ne sous-entendait assurément pas la République déguisée et subreptice, mais qui refusait d'imposer à la monarchie la liquidation, et, par conséquent, la responsabilité d'une situation qu'elle n'avait pas faite. Ce n'était point à elle à signer le cruel traité qui mutilait notre territoire, et il fallait au moins reconstituer les premiers éléments de l'ordre matériel avant d'entamer les plus hautes questions de l'ordre moral.

Aujourd'hui même, nous ne sommes pas encore sortis de la convalescence, et nous ne devons brusquer aucune transition.

Cette convalescence, cette transition, deux hommes semblent, par le cours des événements, appelés à la représenter, M. le duc d'Aumale et M. Thiers; mais tous deux ne sont pas sans exciter, à divers titres, une certaine inquiétude.

M. Thiers! Vous savez tous, Messieurs, que je n'en ai jamais parlé depuis vingt ans sans la plus cordiale reconnaissance, et je la lui dois bien, car c'est à lui, pour la plus grande part, que je dois les deux actes de ma courte carrière, le retour du Souverain Pontife à Rome et le retour de la liberté d'enseignement en France. Oui, quand j'ai vu M. Thiers à la tête de mon pays, j'ai salué de mes espérances cet événement, et j'ai rêvé pour lui le rôle le plus grand, le plus original de l'histoire moderne. Il pouvait être le seul homme qui eût sauvé un pays sans être prince et sans avoir l'épée au côté. Washington était général, Monck l'était aussi, Bonaparte l'était bien un peu; M. Thiers seul, par l'unique force de l'intelligence, par l'unique grandeur des services rendus, était arrivé à disposer des destinées de son pays; et lorsqu'il revenait de ce grand voyage patriotique où il avait été à lui seul toute notre diplomatie près des grandes cours de l'Europe, lorsqu'il rapportait à la France cette paix douloureuse, mais nécessaire, j'avais espéré qu'il se dévouerait à la pacification intérieure comme à la pacification extérieure. Il ne l'a pas assez voulu, ou du moins il ne l'a pas assez fermement tenté, et je ne puis me consoler, moi l'ami ancien et fidèle de sa vraie gloire, qu'il ait préféré le premier rang au premier rôle, et que pouvant être le sauveur de son pays, il paraisse se contenter aujourd'hui d'être le président d'une république équivoque.

Est-ce à dire pour cela qu'il faille être injuste ou ingrat envers tant d'immenses services ? Dieu nous en garde ! mais il ne nous est pas défendu de venir eu aide à M. Thiers lui-même contre les piéges qui l'entourent, et d'améliorer ou de rectifier sa politique. Vous avez, en outre, tout à prévoir : une attaque de la démagogie, une surprise du césarisme ; vous avez enfin et nous avons tous à prévoir cette intervention foudroyante de la Providence qu'on appelle la mort.

Dans toutes ces hypothèses, que ferez-vous ? C'est ici qu'apparaît le rôle possible de M. le duc d'Aumale.

J'ai besoin de vous répéter que je ne connais aucun des princes de la maison d'Orléans, que je n'ai jamais eu l'honneur d'interroger la pensée d'aucun d'eux, et que, par conséquent, je ne me porte garant d'aucun d'eux. M. le duc d'Aumale est peut-être le plus éloigné de nous ;

cependant, s'il prenait des engagements d'honneur, j'y croirais. *(Un membre de la réunion :* Nous proposez-vous la présidence de la République par le duc d'Aumale?

Assurément non ; rien ne serait plus contraire à ma pensée, et il me semble que je viens de m'expliquer assez clairement sur la République, pour qu'aucun doute ne puisse exister à cet égard.

Ce que je vous demande, c'est d'abord de traiter les princes d'Orléans non en ennemis, mais en membres de la famille royale ; c'est d'agir en hommes politiques, en essayant d'améliorer tout le monde sans briser personne, d'améliorer M. Thiers par la perspective d'un pas en avant vers la monarchie par l'intervention d'un prince, d'améliorer M. le duc d'Aumale, s'il en est besoin, par la perspective de M. Thiers.

Je sais bien qu'il existe au milieu de nous quelques théoriciens absolus qui croient adresser un énorme reproche à un homme politique. quand ils lui disent : « Vous êtes un politique, » et qui ne disent jamais qu'avec l'accent le plus injurieux : « Vous êtes habile. » J'avoue que ce reproche, adressé à des hommes chargés de faire de la politique et instamment priés par le pays d'éviter ces fautes opiniâtres qui ont déjà perdu tant de pouvoirs et provoqué tant de catastrophes, j'avoue que ce reproche ne m'effraie pas pour vous, et je vous supplie de le mériter

Soyez des hommes politiques, dans la noble et juste acception de ce mot! Notre pays n'est pas assez riche en ressources pour que, sans rien préjuger d'avance, vous ayez le droit de le priver d'aucune. Il ne pardonnerait pas aux conservateurs, il ne pardonnerait pas aux hommes monarchiques, en particulier, s'ils se bornaient à amonceler des obstacles ou à contempler des ruines, s'ils croyaient accomplir leur mandat en prolongeant indéfiniment l'angoisse actuelle, en faisant échec à la République, parce qu'elle n'est pas la Monarchie, échec à la Monarchie parce qu'elle n'est pas encore prête, en deçà ou au delà de la frontière.

Je ne sais plus quel journal a publié l'apologue des deux vaisseaux, disant que si l'un portant M. le comte de Chambord venait à sombrer, la monarchie survivrait tout entière, mais que si le vaisseau portant la maison d'Orléans venait à périr, ce serait la monarchie qui périrait avec lui. J'écarte de toutes mes forces de telles hypothèses, mais je prends de cette comparaison le seul point applicable à votre situation d'aujourd'hui : tout vaisseau porte un canot de sauvetage ; quel équipage, au milieu de la tempête, s'est jamais avisé de briser le canot sur lequel il pouvait se réfugier un instant pour gagner la plage en vue ? Ce qui enivre un homme, ce qui l'entraîne aux excès de la personnalité, c'est de se sentir unique et de se croire indispensable ; n'exposez personne à cette tentation, pas même un Président de République.

Je sais bien que les mêmes hommes qui font, en politique, fi de la politique, ne reculent ni devant l'idée des tempêtes, ni devant l'imminence des catastrophes ; c'est au contraire dans la théorie du pessimisme qu'ils puisent leur espérance et qu'ils cherchent leur point d'appui. J'ose leur répondre que cette théorie serait coupable, si elle n'était pas aveugle ; j'ose affirmer qu'elle est aveugle, car il n'y a pas un événement qui ne la démente.

Non, ce n'est pas un surcroît de démoralisation, ce n'est pas par un surcroît de calamités qu'un pays se relève, surtout si une portion quelconque de ces calamités pouvait être imputée au défaut de conduite ou aux arrière-pensées d'une des fractions du parti conservateur. C'est en montant qu'on trouve M. le comte de Chambord, ce n'est pas en descendant ; le roi est au sommet des intérêts sociaux, c'est vers ce point culminant qu'il faut graviter sans cesse et faire graviter le pays. Si, au contraire, nous laissons glisser le pays sur la pente qui descend vers l'abîme, nous ne faisons que l'éloigner, nous ne faisons qu'ouvrir la carrière à de nouvelles aventures et à de nouveaux aventuriers. L'histoire est là, notre propre histoire, celle de tous les peuples en révolution est là pour le démontrer, et je défie tous les théoriciens du pessimisme de la démentir.

Enfin, il est une dernière objection que je ne dois pas oublier, car elle a pris créance dans un trop grand nombre d'esprits : on ne veut pas suivre les voies de la politique humaine parce qu'on a foi dans les voies uniquement providentielles.

Ces espérances, j'aime à les nourrir au fond de mon cœur : quand le découragement me saisit, j'aime à me dire que le Ciel n'abandonnera pas dans sa détresse le pays des Croisades et la race de saint Louis ; que le duc de Bordeaux a été salué, dès sa naissance, comme l'enfant du miracle, et que ce ne sera pas en vain. Mais comment se font les miracles? L'histoire de France en compte plus d'un : plus d'une fois Dieu nous a conduits à une fin prédestinée par des voies extraordinaires, mais sans sortir cependant des moyens naturels.

Quelle mission fut plus évidemment miraculeuse que celle de Jeanne d'Arc? et pourtant, a-t-elle fait la guerre en méprisant les lois de la guerre? Non : elle ne négligea jamais ni la prudence ni la clairvoyance naturelles; elle tenait une épée à la main, elle se munissait d'une cuirasse; elle ne se croyait pas invulnérable, elle a été blessée; elle s'entourait des meilleurs capitaines de son temps, elle ne décidait rien sans les consulter, et elle ne dédaignait jamais de grossir ou de fortifier ses bataillons. C'est ainsi qu'elle a délivré Orléans et fait sacrer Charles VII à Reims. Si, au lieu d'avoir une mission militaire, elle avait reçu une mission politique, soyez sûrs qu'elle n'eût pas dédaigné davantage les conseils de la sagesse et de la prudence humaines; qu'elle se fût entourée des hommes d'Etat aussi bien que des capitaines, et qu'elle n'eût pas même négligé de grouper et de consolider la majorité de son Parlement.

Tout vous donne le même conseil à vous-mêmes, le naturel aussi bien que le surnaturel; tout vous dit : Ne vous divisez pas, ne divisez pas la majorité; tout ce qui vous divise nous perd, car tout ce qui vous divise réduit à l'impuissance une Assemblée qui est l'unique et suprême ressource du pays. C'est ce suprême intérêt qui vous parle et qui vous presse; ce n'est pas mon initiative, ou ma préférence, ou une vue personnelle, quelle qu'elle soit, c'est le péril, et, à ce titre, quelque téméraire que j'aie été, pardonnez-moi.

La soirée se termina par un dialogue entre quelques-uns de mes auditeurs et moi; les questions ne furent que très rapidement effleurées. Néanmoins, si mes interlocuteurs tenaient à la publicité de leurs paroles, je les prie de les rédiger eux-mêmes, et j'y joindrais mes réponses.

Je n'ai pas besoin d'ajouter, monsieur, que je ne désavoue ni ne regrette une seule des paroles que vous venez de lire; tout ce qui s'est passé depuis un an n'a fait que me confirmer dans ma profonde conviction.

Maintenant, monsieur, j'attends de vous, à votre choix, ou un peu de justice, ou une nouvelle accusation de trahison, de convoitise et de duplicité. Dans l'une ou l'autre hypothèse, je vous prie d'agréer d'avance l'expression de mes sentiments très distingués.

A. DE FALLOUX.

Angers, 2 avril 1873.

PARIS

IMPRIMERIE BALITOUT, QUESTROY ET Cᵉ

7, rues Baillif, et de Valois, 18.